집시의 계절

집시의 계절

정연국 시집

● 시인의 말

그리운 고향을 그리다
자못 그립고 그립거든
산이 산을 보듬는 소래산에 올라
그리운 고향을 그리겠네.

그리고 그려도
못내 외롭고 외로워
바다가 바달 품는 소래포구에 들어
그리운 고향을 마시겠네.

마시고 마셔도
사뭇 섧고 섧거든
고향 내 물씬 밴 갯골에
코 박고 소래로 살겠네.

시 바다에 마흔네 돛을 헤며

정연국

● 시인의 말

제Ⅰ부
보라 꽃들의 밀어

장독대 _ 13

허물 _ 14

집시의 계절 _ 16

座寶좌보 ― 어밀 의묵침 _ 19

겨우살이 _ 20

민달팽이 _ 22

풀 바람 ii _ 23

보라 꽃들의 밀어 _ 24

생각 깊은 나무 ii _ 45

모과 _ 46

소금꽃 _ 47

소래포구 _ 48

제II부

발자국 소리가 큰 아이

총알도 비껴서는 _ 51

덫 _ 52

넥타이 _ 54

풀 옷 _ 55

마수걸이 _ 58

발자국 소리가 큰 아이 _ 59

아름다운 건 다 슬프다 _ 60

등신 _ 62

빈터 _ 63

금붕어 꼬리를 붙잡고 _ 64

살맛나는 세상 만들기 iii _ 66

기러기 길 _ 67

이제야 _ 68

제Ⅲ부

직선을 위하여

관악산 _ 71

직선을 위하여 _ 72

칠성무당벌레 _ 74

연 _ 75

노루목 아라리 _ 76

하늘에 빠지다 _ 78

뿌리 없는 낭구 _ 79

묵언 _ 80

얼음새꽃 _ 81

빈자리 _ 82

중성미자의 숨 법 _ 84

꽃등 iv _ 85

꽃등 v _ 86

제IV부

보이지 않는 그림을 그리다

무진 말씀을 둥글게 박제하다 _ 89

풀 바람 _ 90

조약돌 _ 92

행복꽃 _ 94

보이지 않는 그림을 그리다 _ 96

꽃등 _ 97

바다의 눈썹이 하얗게 센 건 _ 98

지금도 _ 99

빈 삶의 뒤란에 _ 100

뚝 _ 102

강술 _ 103

엄마 _ 104

시인과 독자 _ 105

시인의 길 _ 106

제Ⅴ부

마음의 여백을 읽다

귀가 순하니 눈도 선하네 _ 109

바람 낭구에 시를 걸어놓고 _ 110

노루목 두루미 _ 112

침묵의 밀어 _ 113

밤별☆골진 _ 114

귀로 보고 눈으로 듣다 _ 115

마음의 여백을 읽다 _ 116

학란鶴蘭 _ 117

노은 아라리 _ 118

품 _ 121

한살이 _ 122

쑥부쟁이나물꽁보리비빔밥 _ 124

바람 빛에 씻긴 _ 126

제Ⅰ부

보라 꽃들의 밀어

장독대

시인의 장독대는
달만 품고 사는 게 아니다

시인은 아니 땐 굴뚝에 연기 내어
하늘의 별을 따다 장을 담그고
벼룩이 간을 **빼**
염장하는 것만도 아니다

시인이 콩 심은 데서 팥 나고
숫노새가 새끼를 낳게

시인의 장독대는
햇귀만 먹고 사는 것도 아니다

허물

애벌레에서 매미 나비까지 길길이
이파리나 껍질 빛깔 되는 그 무서운 힘에서
풀풀 이는 시큼한 살갈이

끼리끼리만 올바른 성골 진골
멀미나는 속살과 속살을 얽기 위해
저마다 칠하는 버릇이 다 다르다.

민얼굴 언저리에 늘어나는 기미
아니 잊힐 허물 이루 셀 수 없어도

썩은 가랑잎 냄새 훑으며
성골 넝쿨 따라 자꾸 휘어져가는 진골
타들어가는 나이테가 점점 가벼워진다.

"무엇을 찾나"
허물 벗고 또 무슨 허물을 쓸까

갈대꽃 머리 이고 목에 방울 달고
어쩌면 하늘을 날 수 있을지도 몰라

"어디서 어디로 가나"
"모른다."

멀리 있어 더 신나는 성골 꿈을 바래
날개 없는 활개를 힘껏 쳐올려도 멀미만 더하고

담과 담에 의해 버티는 따가운 버릇을 토해낸
허물 비늘이 울안에 널브러지고

달빛은 옷가슴을 살포시 열어젖혀
밤새 허물 비늘 조각을 품에 사박사박 쓸어 담고 있다.

집시의 계절

빈 삶의 뒤란 길은
산득산득 달빛 이울고
물 따라 산 따라 감돌아도
하늬바람 일면 참사랑 맺길

까발레로

사랑이 사치일 때도 있지만
이슬만 먹고 사는 건 아니지
고달파도 초라하진 않겠지
불가능한 꿈은 없어

까발레로

떡잎 버려 꽃 피우고
양말 구멍 깁는 헝겊도
상처 없는 삶은 없어
아름다운 건 다 섧네

까발레로

바람이 바람을 밀어내고
밀리는 바람의 우주에
지군 이슬 한 방울
너 지면 해달 울까

까발레로

적요한 미리내 나팔 소리
귀가 있어도 못 듣고
눈이 있어도 못 본 체
거미줄 새로 뭇별 사위어도

까발레로

이슬 경계 따라 바다는 강을
데불고 산은 산을 보듬는데

까발레로

지평선 둘둘 말아
바람을 흔들고 흔들리며
풀꽃이랑말 재 너머 네게로
나는 나를 넘고 넘네.

어밀 의묵침

座寶좌보 —

히심무
에미더 똥
고치 개방올
아모 손 두 린파
다는닦 고닦 을선

?넌 싼 똥

겨우살이

고파 산에 드네. 맘 고파

오디 머루 다래 도토리 개금
불 꺼진 성골 지붕 없는 집에
이레 여드레 눈은 펑펑 쌓이고

아침마다 오던 박새도 아니 오네

얼깬 눈이 두타산을 통째 지우네

바람새 물고 간 빗자루 자국만 깊네

베이고 할퀸 성골 박달 떡갈 참나무 동백
상처에서 겨우 피어나는 송라 꽃등
하늘강을 파르라니 사르네

우주 밖은 그윽이 침묵하네

딱새 동고비 곤줄박이 날아간
산너울에 어둠을 켜 아침을 여는
늘 푸른 마음 오감 없이

바람 잎으로 뽕나무에 길을 내네

온몸으로 아낌없이 베풀어
다 죽은 목숨도 되살리는
까치밥 소원이 소복하네

민달팽이
— 시란 56

땡볕에

민달팽이

일보삼배로

마음밭 가시네

풀 바람 ii

풀이 바람을 데불고
바람은 풀에 안겨

풀이 자빠지면
바람이 일으키고

풀이 일어서면
바람도 덩달아

바람이 풀에
풀은 바람에

풀바람 꽃잔치에
벌 매미도 흥겨워

콧노래 절로
싱그럽네

보라 꽃들의 밀어

존재 않는 건 없네 존재하는 것도
가없이 마음을 삼가고 비우고

지워야 열리는 길 잘 들여진 길을
올 게 왔다 갈 게 가네 무릎을 낮추어
낮은 데서 낮은 데로 말없이

마신 공기 한 모금 버리지 못하면
죽지만 죽어야 사는

황금은 황달 해열 항염 항암 항알러지 항산화 항균 폐암 편두통 태아안정 치매예방 천식 진통 진정 지혈 중풍 종기 자궁출혈 입안 부은 데 이뇨 아토피성 피부염 소염 불면증 복통 변비 두통 난소암 기침 기관지 구토 고열 간기능 보호 가슴 답답한 데 차 나물로 활나물은 황달 해열 해독 피부암 폐암 직장암 자궁경부암 위암 유방암 식도암 등 항암 종기 이질 이명 소변불통 설사 부스럼 복수 뱀에 물린 데 백혈병 만성 기관지염 당뇨 간암에 묵나물로 현호색 왜현호색 댓잎현

호색은 혈액순환 항암 타박상 진통 진정 자궁수
축 위통 위염 위궤양 어혈 신경통 소염 생리통
생리불순 산후통 복통 두통 관절통 경련 가슴앓
이에 해국 왕해국은 체지방 체중 감소 이뇨 소화
장애 비만증 방광염 만성 간염 기침 감기에 하늘
매발톱 산매발톱은 혈액순환 생리통 생리불순에
피튜니아는 관상용으로 팬지 삼색제비꽃은 해열
제 항염 항암 타박상 천식 이뇨 여드름 심장병
신경통 소염 살균 뱀에 물린 데 방광염 맹장염
당뇨 눈 노화방지 기침 기관지 근육통 구충 관절
염 강장제 가슴통증 가래를 삭히고 차 샐러드로
큰제비고깔은 위장병 매독 마비 경련에 큰꽃으
아리 클레마티스는 황달 해열 해독 항균 피부 물
집 편두통 통풍 토사곽란 탈항 타박상 치통 천식
진통 진정 중풍 정신분열증 장에 가스가 차고 소
리가 날 때 잇몸질환 임산부의 부종 인후염 이질
이뇨 유행성 이하선염 요통 언어장애 안면신경
마비 신장염 신경통 수족마비 소염 설사 생선가
시가 목에 걸렸을 때 살균 볼거리염 류머티즘 딸
꾹질 다한증 눈다래끼 근육마비 관절통 결막염

견비통 간질 간염에 효소 술 나물 꽃꽂이 관상용으로 크로커스 사프란은 혈액순환 혈압강하 현기증 해열 통풍 토혈 타박상 최음제 진통 진정 지혈 정신장애 자궁흥분 자궁출혈 월경불순 우울증 신경통 시력보호 산후어혈 불임증 부인병 백일해 발광증 무월경 류머티즘 노화방지 냉증 기침 경련 건위 갱년기 장애에 향신료 향수 차 요리 염료 관상용으로 콜린시아는 관상용으로 코스모스는 진통 종기 위 성장기 아이 부기 눈병 갱년기 여성에 차로 치커리는 혈액순환 해독 항산화 항균 피부미용 피로회복 탈모 콜레스테롤 저하 진정 위산과다 심혈관질환 신장 시력보호 소화촉진 성인병 산모 엽산 보충 빈혈 변비 동맥경화 대장 당뇨 다이어트 노화방지 골다공증 고혈압 경련 간장에 차 쌈 샐러드로 층층잔대 잔대 딱주 당잔대는 해열 중금속 약물 식중독 뱀 벌레에 물린 데 해독 항균 폐렴 천식 지혈 종기 자궁출혈 자궁염 생리불순 산후풍 모유부족 등 부인병 이뇨 원기회복 소염 새살 돋게 베인 상처 류머티즘 관절염 기침 기관지염 고혈압 경기 강장제 강심작용 갈증 해소 가래 삭히고 차 장아찌 쌈 나물로 층꽃나무 층꽃풀은 해열 항균 타박상 진통 종기 자궁출혈 자궁암 인후염 어혈 습진 생리불순 복통 뱀에 물린 데 백일해 만성 기관지염 기침 관절염 감기 가려움증에 관상용으로 초롱꽃 금강초롱꽃 캄파눌라는 해열 해독 폐결핵 편도선염 천식 진해 진통 종기 인후염 약물중독 분만 촉진 벌레 뱀에 물린 데 두통 기침 기관지염 고혈압 거담에 나물 관상용으로 첫사랑풀은 관상용으로 처녀치마 성성이치마는 콜레스테롤 이뇨 신장병 비만 억제 당뇨 고혈압에 참산부추 산달래 정구지는 협심증 혈액순환 혈관계 질환예방 허약체질 해열 해독 항균 천식 진통 이뇨 위염증 어혈 심장 신경통 소화불량 소변 자주 보는 데 살충 뱀에 물린 데 냉증 기침 거담 갑상선질환 감기 간 가슴앓이에 지짐이 장아찌 생치 무침으로 지칭개는 해열 해독 항암 치통 치루 지혈 종기 임파선염 유방염 암세포 성장억제 소염 소독 상처출혈 부스럼 골절상에 효소 장아찌 된장국에 나물로 주름잎 담배풀 고추풀은 화상 해열 해독 종기 월경불순 소염 복수에 나물 김치로 조희풀은 호흡기질환 하혈 풍 통풍 천식 절상 위냉증 신경통 소화불량 관절염 거담 각기병 가래 삭히는 데 조뱅이 조방가시는 혈압강하 해독 항염 항암 항균 피부질환 코피 진통 진정 지혈 종기 자궁출혈 이뇨 소변출혈 백혈구 대변출혈 전갈 뱀 거미에 물린 데 간질환에 음료 나물로 조개나물은 혈액순환 해열 해독 하혈 피부질환 폐렴 편도선염 토혈 타박상 코피 치통 치질 진정 지혈 종기 접골 임파선염 임질 인후염 이뇨 용종 옴 연주창 어혈 습진 소염 소변불통 부스럼 디프테리아 기침 기관지염 급성 유선염 급성 담낭염 골근통 고혈압 개에 물린 데 감기 간염에 차 염료 방향제 나물로 제비꽃 화엄제비꽃 서울제비꽃 둥근털제비꽃은 후두암 황달 화농성질환 해독 항염 항암 항균 피부질환 타박상 치통 췌장암 진통 전염성 간염 장염 인후염 이질 이뇨 위염 유방암 여드름 암세포전이억제 안구질환 악성종기 소염 설사 불면증 부스럼 변비 급성 유선염 궤양 관절염 독사에 물린 데 튀김 차 샐러드 나물로 자주꽃방망이는 후두염 해열 해독 편도선염 천식 인후염 위통 월경과다 소염 산통 변비 백대하 매독 두통 동맥경화 기침 간질에 나물로 자주괴불주머니는 해열 해독 피부병 타박상 진통 종기 이질 옴 살충 살균 복통 뱀 벌레 물린 데 급성 결막염에 나물 관상용으로 일일초 빈카마이너는 혈액순환 혈당강하 항암 코피 치통 치매 지혈 종양 자궁출혈 이뇨 월경과다 양치 악성 육아종증 소염 상처 비장 백혈병 기억력 향상 강장제 관상용으로 이질풀 선이질풀은 혈액순환 해독 항균 피부가려움증 풍 폐렴 지혈 종기 장염 이질 위장 복통 위궤양 심장병 신경통 식중독 소변 설사 생리통 상처 산후통 빈혈 불임 무좀 마비 냉증 고환 염증 경련 결막염 감기 각기병에 효소 차 나물로 용머리는 폐결핵 진통 종기 인후염 이뇨 위염 소염 발한 두통에 나물 관상용으로 용담 칼잎용담은 황달 해열 항암 항균 팔다리 마비 췌장암 질염 진통 중이염 종기 인후통 이명 위암 위염 요도염 십이지장염 식욕부진 습진 소화불량 소염 사타구니 가려움증 비인암 부스럼 방광염 말라리아 류머티즘 관절염 두통 담낭암 눈충혈 뇌염 고혈압 경기 결막염 건위 간장 질환에 효소차 나물로 영아자 미나리싹은 천식 열 감기 보혈보신 기침에 장아찌 쌈 나물로 연리갈퀴 녹두루미는 혈액순환 해열 해독 항암 피부염증 타박상 진통 지혈 종기 음낭 습진 소변 출혈 부종 말라리아 류머티즘 눈 근육마비 귀 관절염에 튀김 된장국 나물로 연꽃은 해열 해독 하혈 피부미용 폐결핵 편도선염 토혈 탈항 코피 치질 출혈 체증 진정 지혈 주독 정력제 자궁출혈 이질 위장염 위궤양 유정 월경과다 오줌싸개 어지럼증 안구출혈 악창 십이지장궤양 신체허약 소염 소화불량 소아경풍 소변불리 소대변 출혈 설사 빈혈 불안해소 불면증 부인병 몽정 두통 대하 노화방지 구갈 강장제 각혈 가슴통증에 차 음식 관상용으로 엉겅퀴 지느러미엉겅퀴는 해열 피부질환 타박상 지혈 지방간 알콜성 지방간 종기 요석 담석 제거 아토피치료 소염 부스럼 고혈압 강장 간경화에 효소 술로 앵초는 해열 해수 천식 진통 진정 정신병 열감기 신경통 소염 상처 불면증 류머티즘

뇌활성화 기침 기억상실증 기관지염 관절염 감기 가래 삭히는 데 차 쌈 나물 국 관상용으로 아네모네는 관상용으로 심장초 디기탈리스는 혈액순환 피로회복 심장병 이뇨 울혈성 심부전증 신경통 식욕부진 살충 부종 복통 기침 고혈압 강심에 염료 즙 관상용으로 시네라리아는 관상용으로 시계꽃 큰시계초는 화상 피부염증 천식 진통 정신안정 월경통 신경과민 불안 눈이 붓거나 염증 불면증 두통 대장성증후군 긴장완화 근육경련 고혈압 강장제 간질에 차 관상용으로 스타티스는 긴장 완화에 스위트피는 피로회복 심신 긴장완화에 향수 장식용 관상용으로 수레국화는 안면홍조 해독 항균 피부 이뇨 염증 살균 두통 눈 피로 기침 기관지염 간장병에 차 염료 관상용으로 수국은 혈액순환 해열 학질 피부미용 피부염 청혈 접골 인후염 어혈 양치 심장병 신장질환 숙취해소 소염 성인병 변비 두통 당뇨 다이어트 노화방지 낭습 갈증해소 기침 간해독에 차 밀원용 관상용 감미료로 세인트폴리아 아프리카제비꽃은 관상용으로 세이지는 해열 피부재생 피부미용 피로회복 풍 편도염 탈모 청혈 진통 잇몸출혈 잇몸염증 임신 인후염 위장염 소화촉진 소염 소독 상처 살균 비만 분만유도 노화방지 기억력향상 근육통 구취제거 구내염 관절통 갱년기장애 강장제 감기에 향수 향료 차 샐러드로 석잠풀은 황달 호흡기질환 혈액순환 혈압강하 해열 해독 항암 피부질병 풍 폐결핵 타박상 치매예방 진통 진정 지혈 지방간 종양 전립선염 인후통 이질 우울증 요로결석 요도염 여성질환 안질 아토피 심장질환 신경통 신경쇠약 순발력강화 성인병 생리불순 산후질병 불면증 복통 변비 뱀에 물린데 방광염 맹장염 땀내기 동맥경화 당뇨 뇌세포활성화 뇌경색 등 뇌혈관질환 기침 기억력증진 관절염 고혈압 간경화에 차 장아찌 술 방향제 나물로 산오이풀 수박풀은 화상 혈관수축 해열 해독 항균 피부개선 토혈 치질 지혈 종기 장출혈 자궁출혈 이질복통 월경과다 습진 생리통 산후복통 불임증 동상 대장염 궤양 가려움증에 산골무꽃 광릉골무꽃은 황달 혈액순환 혈압강하 해열 해독 항암 피가래 풍 폐렴 토혈 태아 안정 타박상 치통 청혈 진통 지혈 종기 이질 위염 월경통 요통 신경통 소염 설사 몸살 기침 급성인후질환 근육통 구토 관절통에 비비추는 화상 피부궤양 토혈 치통 중이염 젖몸살 자궁출혈 인후통 이뇨 위통 상처 부녀허약 뱀에 물린 데 대하 결핵에 장아찌 쌈 나물 국으로 붓꽃 각시붓꽃은 황달 해열 해독 폐렴 편도선염 토혈 코피 치질 지혈 주독 종기 절창 자궁출혈 임질 인후염 이질 옴 소화불량 소염 빈혈 대하 대소변 잘 나오게 근육과 뼈를 튼튼하게 관상용으로 부처꽃은 해열 해독 항균 피부궤양 청혈 지혈 자궁출혈 이질 월경과다 유행성 결막염 식중독 소종 설사 부종 방광염 당뇨에 채소 차 술 관상용으로 부레옥잠 부평초는 해열 해독 피부염증 타박상 이뇨 부종 갈증에 수질정화 관상용으로 벌깨덩굴은 혈변 해열 해독 진통 인후염 이질 대하 등 여성 질환 소종 대장염 기력저하 강장 감기에 염색제 나물 관상용으로 백리향은 후두염 혈액순환 해열 항균 피부 가려움증 치통 진통 소독 설사 부패방지 부종 복통 변비 백일해 면역력 더부룩함 기침 기관지염 근육 관절통 구충 구역질에 관상용으로 방울꽃은 타박상 이뇨 심장쇠약 부종에 향수 나물 관상용으로 박주가리는 혈액순환 허약체질 해독 피부염 피로회복 칼에 베인 상처에 치통 질염 진통 진정 지혈 종기 조루증 젖 잘 나오게 자양강장제 이뇨 음위증 유선염 어혈 안질 신부전증 소염 새살 돋게 사마귀 제거 뱀 벌레에 물린 데 방광염 발기 장애 머리 검게 대하 기침 관절염 결핵성 질환 가래 삭히는 데 효소 차 즙 술 부각 바늘쌈지 도장밥 나물 국으로 바늘꽃은 화상 혈액순환 항암 타박상 칼에 베인 상처 진통 지혈 종기 제습 인후염 이질 월경과다 식도암 소화불량 소염 백반증 급성 신장염 구충 골절 감기 간염에 술 나물 관상용으로 물옥잠은 해열 해수 해독 피부 헌 데 가려움증 치질 천식 종기 심장병 부스럼 기침에 관상용으로 물망초는 피부염 위통 우울증 스트레스 소화불량 독감 감기 가슴통증 가려움증에 차 요리 샐러드 관상용으로 무스카리는 자극제 이뇨에 부케 나물 관상용으로 무궁화는 해열 해독 하혈 피부병 피로회복 편두통 토할

때 탈항 코피 치질 천식 질염 중풍 장염 이질 이
뇨 위장병 옴 여성병 습진 설사 비만 불면증 버
짐 무좀 목마름 두통 대하 대장염 노화방지 기관
지염 구토 감기 간질 가슴이 답답할 때 가래 삭
히는 데 차 나물 국으로 모싯대는 흥분했을 때
해열 해독 폐렴 폐결핵 종기 인후염 위장병 식욕
부진 비만 부스럼 벌레 뱀에 물린 데 만성 식체
두통 당뇨 눈을 밝게 함 기침 기관지염 강장 간
염 간암 가래 삭히는 데 즙 나물로 며느리배꼽은
황달 혈액순환 혈당강하 해열 해독 피부염 편도
선염 치질 진통 지혈 종기 장염 임파선염 이질
이뇨 유선염 옴 신장염 습진 소변불통 설사 상처
부스럼 부기 복통 버짐 뱀에 물린 데 백일해 말
라리아 당뇨 관절통 간염에 마늘은 혈액순환 혈
압강하 항암 항산화 항균 피부미용 피로회복 콜
레스테롤 강하 치매 체력증강 정력향상 알레르
기 아토피 심혈관질환 신진대사증진 수족냉증
손발저림 살균 면역력증강 만성 간염 두뇌활동
촉진 당뇨 뇌혈관질환 노화방지 기억력향상 고
혈압 강장제 감기에 효소 즙 장아찌 양념 밥으로

로즈메리는 호흡기질환 항산화기능 항균 피부보호 피로회복 폐 치매 방지 천식 진통 좀벌레 예방 음식냄새 제거 암 예방 신경통 식욕증진 스트레스 완화 숙취해소 소화촉진 소독 살균 백혈병 방향제 방충 두통 당뇨 다이어트 뇌질환 뇌졸중 뇌를 맑게 노화예방 기침 기억력 향상 근육통에 향신료 향수 차 식용으로 라벤더는 화상 혈압강하 현기증 헛배부름 피부세포재생 피부미용 치통 진통 진정 인후염 우울 불안 해소 여드름 아토피 신경통 신경과민 스트레스해소 생리통 상처 살균 빈혈 불면증 벌레 물린 데 방충 모발성장 메스꺼움 류머티즘 두통 근육통 구취 고혈압 갱년기 감기 가래 삭히는 데 향수 향료 차 요리 비누 관상용으로 뚜껑별꽃은 해독 종기 이뇨 신장염 소염 복수 뱀에 물린 데 땅비싸리는 후두염 황달 해열 해독 항암 항균 피부병 폐렴 편도선염 치통 치질 진통 자궁경부염 잇몸질환 임질 인후염 이질 악성종양 심장 소종 소염 설사 부인질환 뱀 개에 물린 데 백혈구 상승작용 백일해 목이 붓고 아플 때 면역력증강 만성 기관지염 뇌염 기침 구내염 고혈압 강장제 염료 밀원용으로 등나무는 해열 해독 항암 피로회복 통풍 토사 진통 자궁암 위장병 위암 식중독 숙취해소 소변 살충 부인병 부종 복통 변비 근육통 관절통 관절염 가래 삭히는 데 효소 차 지팡이 나물 그늘로 등갈퀴나물은 혈액순환 혈뇨 해열 해독 장암 자궁경부암 유방암 식도암 등 항암 풍 타박상 코피 천식 진통 중이염 종기 장출혈 장염 임질 인후염 음낭습진 유선염 신경통 뼈거나 뼈 다친 데 말라리아 류미티즘 눈 귀 기능향상 근육마비 관절통 기관지염에 효소 사료 비료 나물로 동강할미꽃 가는잎할미꽃은 해열 해독 위암 신장암 뇌암 간암 등 항암 항균 학질 피부병 이질 위염 심장병 신경통 소염 살균 부종 복통 무좀 몸이 붓고 머리 빠지는 데 두통 대장염 뇌질환에 관상용으로 산도라지모시대는 해열 해독 폐렴 인후염 부종 머리 빠지는 데 두통 기침 기관지염에 나물로 도라지는 호흡기질환 혈액순환 해열 항암 피부미용 탈모예방 콜레스테롤 저하 폐염 폐결핵 편도선염 천식 진통 인후통 위산분비억제 알레르기 아토피 피부염 심혈관질환 스트레스 완화 소염 성인병예방 비염 면역력증강 당뇨 늑막염 기침 기관지염 궤양 고혈압 가래 삭히는 데 차 즙 나물로 닭의장풀 달개비는 화상 혈압강하 혈당강하 해열 해독 피부가려움증 편도선염 진통 종양 인후염 이하선염 이뇨 위장병 요도염 신장염 소염 설사 상처 부기 뱀 벌레에 물린 데 류머티즘 당뇨 눈 염증 뇌막염 감기에 효소 화전 차 염료 생채 밥 나물로 노루귀는 해열 치통 치루 진해 진통 종기 장염 위장염 설사 부스럼 복통 벌레 물린 데 만성 위염 두통 기침 구토 감기 간장병에 나물 관상용으로 나팔꽃은 천식 이뇨 위계양 식체 살충 부종 복수 찬 데 복부팽만 변비 만성 신이신염 대소변 배출 구충 기침 관절염 간경화 각기병에 차로 꿀풀은 현기증 해열 해독 유방암 림프종 갑상선암 간암 등 항암 항균 폐결핵 타박상 중풍 종기 임파선 임질 인후통 이뇨 신장염 소화불량 소염 세균성 질환 생리통 살균 부종 베인 상처 방광염 대하 눈에 통증 눈물이 자주 날 때 근육통 구안와사 관절통 고혈압 객혈에 효소 술로 꽃창포는 황달 혈액순환 피부병 폐렴 타박상 진통 진정 중풍 장염 이질 설사 복통 복부팽만증 만성위염 만성기관지염 두통 관절통 건위 건망증 거담 간질병 가래 삭히는 데 목욕 머리 감는데 꽃쥐손이는 혈액순환 해열 해독 풍 타박상 진통 종기 장염 이질 설사 마비 경련 류머티즘성 통증에 차 술 관상용으로 깽깽이풀은 화상 혈액순환 해열 해독 항암 항균 폐결핵 토혈 치주염 장티푸스 인후염 이질 위장병 위열 유행성 열병 소화촉진 소염 설사 불면증 복통 만성 담낭염 눈병 구충제 구강염 고혈압에 깨꽃 샐비어는 혈액순환 혈당강하 해열 항염 항알러지 항발진 항균 피부재생 피로회복 통풍 탈모 청혈 진통 진정 종기 임신촉진 인후염 위장 심신안정 시력보호 스트레스 해소 소화촉진 소염 소독 성욕강화 상처 살균 방부제 머리 맑게 두피 다한증 거친 피부 강장에 향신료 차 관상용으로 깔깔이풀 반디지치 송곳나물 당개지치 지치는 화상 혈액순환 촉진 해열 해독 항염 항암 항균 피임 피부병 토혈 타박상 치질 천식 진통 위산결핍 염색제 여드름 식욕부진 습진 소화촉진 소종 소염 생리불순 사마귀 비만 변비 복통 물집 동상 대하 기침 골절에 나물로 긴산꼬리풀은 폐질환 편두통 천식 진해 진통 중풍 이뇨 월경불순 요통 안면신경마비 신경통 소염 변비 만성 기관지염 류머티즘 기침 감기 각기병에 관상용으로 금창초는 해열 해수 해독 항균 폐결핵 편도선염 토혈 타박상 코피 청혈 천식 지혈 중이염 종기 장출혈 인후염 유방염 악창 신경통 설사 비염 부스럼 복통 베인 상처 변혈 방광염 디프테리아 두창 기관지염 기침 귀 염증 고혈압 감기 가래 삭히며 차 즙 양치질 나물로 금꿩의 다리는 황달 해열 해수 피부염 편도선염 진통 조급증 장염 이질 열병 습진 소염 눈병 급성바이러스 간염 고혈압 결막염에 그늘 돌쩌귀 바꽃 투구꽃은 항염 풍 진통 중풍 임파선염 원기회복 신경통 손발 배가 차고 팔다리 저린 데 소종 인사불성 이뇨 복통 반신불수 류머티즘 관절염 두통 당뇨 뇌졸중 낙태 구안와사 관절통 강심에 국화는 혈압강하 현기증 해열 해독 항암 항균 피부염 여드름 아토피 등 피부병 피로회복 풍 폐렴 탈모 콜레스테롤 제거 진통 진정 중금속 배출 인후염 이명 이뇨 우울증 신경통 신경쇠약 시력보호 스트레스 완화 소염 성인병예방 불면증 몽유병 만성 피로 두통 동상 동맥경화 니코틴 해독 눈이 침침하고 안 보일 때 눈병 고혈압 고지혈증 기침 기관지염 결막염 감기 각막염에 차 술 나물로 구슬붕이는 회충 황달 해열 해독 종기 인후통 위염 안구충혈 소화불량 소염 설사 부스럼 맹장염 눈병 급성 결막염 결핵성 림프선염에 구기자는 협심증 혈액순환 현기증 해열 항암 피부보호 폐결핵 허약체질 지방간 주근깨 기미 저혈압 의식불명 임산부 태아 영양 공급 원기회복 요통 양기부족 약한 허리 무릎에 심장병 신장질환 신경쇠약 시력증진 소염 성인병 예방 빈혈 불면증 백내장 반신불수 무력증 만성 피로 만성 기관지염 마른기침 두통 동맥경화 예방 당뇨 노화예방 구강궤양 고혈압 고지혈증 강장 갈증 간염 간경변증에 차 술 나물로 과꽃 아스터는 해열 피로회복 안구충혈 눈 시원하게 머리 맑게 이뇨 광견병 간기능 향상에 차 나물 관상용으로 갯완두

는 홍역 해열 해독 피부미용 체한 데 이뇨 신경
성 두통 설사 산후병 부스럼 변비 물집 땀이 안
날 때 근육경련 관절통 감기에 차 나물 국으로
갯쑥부쟁이 개쑥부쟁이는 혈압강하 해열 해독
항바이러스 항균 풍 편도선염 코피 진통 종기 이
뇨 유방염 어깨결림 소화촉진 비만 복통 벌레 뱀
에 물린 데 당뇨 담 기침 기관지염 감기 가래 삭
히는 데 차 즙 나물로 갯무 무꽃은 화상 해열 해
수 해독 항암 항균 폐렴 편두통 토혈 타박상 코
피 치통 천식 이질 유방염 식욕부진 소화불량 방
광염 물고기 비린내 제거 당뇨 눈병 기관지염 구
토 결석 가스중독 가래 삭히는 데 김치 국으로
개미취는 항암 유방암 폐결핵 폐렴 편도선염 인
후염 목감기 만성 기관지염 기침 각혈 가래 등
호흡기질환 콜레라균 이질균 대장균 녹농균 등
항균 청혈 이뇨 신경쇠약 스트레스 해소 살충제
당뇨 노화예방 갈증 해소에 효소 차 나물로 감자
는 항암 피부미용 폐종양 진통 장염 위장질환예
방 위궤양 염증 심장병 신경안정 스트레스해소

소화촉진 성장촉진 성인병예방 빈혈 불면증 부종 변비 동맥경화예방 당뇨 다이어트 고혈압 간경변증에 즙 음식으로 갈퀴나물은 혈액순환 해열 해독 장암 자궁경부암 유방암 식도암 등 항암 코피 천식 진통 중이염 종기 장출혈 인후염 인대뭉침 음낭습진 유선염 부종 류머티즘 관절염 다리 허리 통증 기침 근육통 근육마비 관절통 관절뻰 데 효소 차 나물로 가지는 차 즙 음식 술로도 드는데 후두암 위암 대장암 등 암예방 혈액순환 해열 항암 하혈 피부 노화방지 파상풍 타박상 콜레스테롤 저하 치통 치질 췌장 기능강화 청혈 진통 지혈 주근깨 잇몸염증 임질 이뇨 심혈관질환 심신안정 식중독 시력보호 습진 성인병예방 사마귀제거 빈혈 비만예방 부종 변비예방 맹장염 딸꾹질 동상 동맥경화 대장질환예방 당뇨 다이어트 뇌졸중 고혈압 고지혈증 간 각질 제거에 특효로

  이름 없는 건 없네 그지없이
  세상을 아름다이 살리는 꽃들의 밀어

눈 감고 길 없는 길을 걸어도 보이네
귀 막아 길 없는 허방 짚어도 들리네

보라 꽃들의 마음이 한 뼘은 더 자랐네
꽃들의 말씀이 한 길은 더 깊어졌네

생각 깊은 나무 ii

나무가 그늘을 짓는 까닭은
사람이 쉬라는 건만 아니네

사람이 사람의 그늘이 되어
온 누리의 그늘로 빛나도록

그늘 속 나뭇잎이 사람에게
두 손 모아 비는 때문만도

나무가 제 잎을 떨어뜨려
자기 그늘을 지우는 속낸

뭇 삶이 사람 그늘에 눌려
온 세상이 깜깜해질까

나무가 먼저 제 잎을 버려
길을 여는 뜻도 아니네

나무는 말없이 나무
할 일을 할 따름이네.

모과

못나도 상큼한 마누라

소금꽃

해밀을 누빌 땐 거침없던
즈믄 바다는 아스라이
한 땀 한 땀 저미던 별
가시 등골만 선하고

자벌레 걸음 한 발 한 발
느티에 오롯이 길 여는
소금꽃 발자국 소리는
하도 깊고 커서 막막해

바람 잦은 날 마음 밖으로
나 아닌 날 소롯이 놔주며
거믄 바다를 품은 곡신은
무심히 사뭇 적요한데

소금꽃은 비움으로 가득 차
바다숲을 벗어나니 바다가
뫼를 벗어나니 뫼가 보이네.

소래포구

그리운 고향을 그리다
자못 그립고 그리워
산이 산을 보듬는 소래산에 올라도
그리운 고향은 아니 그리겠네.

그리고 그려도
못내 외롭고 외로워
바다가 바달 품는 소래포구에 들어도
그리운 고향은 아니 마시겠네.

마시고 마셔도
사뭇 섧고 설워
고향 내 물씬 밴 갯골에 차마
코 박고 소래론 아니 못 살겠네.

*소래(소라)에 흰이빨갯지렁이 홍합 해홍나물 해삼 할미새 피조개 통통마디 칠면초 칠게 천일사초 참갯지렁이 집게 주꾸미 제물포 백금갯지렁이 저어새 아무르불가사리 세모고랭이 불가사리 부들 보리새우 별불가사리 백합 백로 방게 밤게 바지락 모새달 맹꽁이 망둥어 맛 동죽 도요 농게 낙지 나문재 꽃게 긴팔거미 금개구리 고막 게새우 검은머리물떼새 검은머리갈매기 갯지렁이 갯는쟁이 갯개미취 개미자리 강피 갈대 가지게 가재 가시닻 가무락 등이 깃듦.

제II부

발자국 소리가 큰 아이

총알도 비껴서는

영어를 모르면
앙숙 되는 줄

¿

성골 눈총 빗발치니
아예 가슴 내놓고

○

비껴난 진골
검지 속만 타

♡

침묵이 불끈
말이 죄다

빵!

덫

검지 생각이 약지보다 좀 길다고
마구 삿대질하면 검지 눈에 바로 화살 박히며

글눈이 토끼보다 좀 밝다 하여
섣부른 올무에 금세 네 꾀가 치이고

지렁이 함부로 밟으면
황소 발굽에 곧 네 발등 찍히며

무턱대고 남의 발목 잡으면
너는 물론 남의 행복한 삶도 다 죽는다.

덫 꼬리가 제 성골에게 곧바로 일러바친다
"이를 어이합죠?"

덫을 송곳 바람으로 돌돌 말아
철새 지나다니는 바람몰이 여울목에

'행복맞이' 경품으로 내걸고
"집의 넓이가 행복의 깊이보다 더 크다"는 너스레에

어깨에 보랏빛 스카프 두른 갈대 부인은
'집 넓이에서 행복 깊이를 빼면 얼마나 남나'

갈색 머리카락이 정신없이 휘둘리는데
"빼지 말고 슬기롭게 곱하세요" 옆구리에 귀띔하는 덫

곱셈 담금질에 덧난 덫의 뼈마디마디 폭폭 삭아내리며
"사랑과 행복은 서로 나눌수록 더 깊어진다"

넥타이

대학 졸업 기념사진 촬영용
넥타이를 손자에게 매주며

최신 유행 매듭을 추천하는 나와
전통 방식을 고수하는 손자 사이에

번개가 쳤다.

타이 돌려 묶고 매다 보면
제 목 옥죄는 삶의 매듭들

밤낮 겨누어도 아니 보이는
눈총을 아침에 맞고 저녁에 쏘는

인사동길 골동
시인 화가님네

대대손손 해맑게
넥타이 팍 풀어주세.

풀 옷

산다고 다 사는 게 아니고 죽는다고
다 죽는 건 아니네 꽃이 져야 씨가 여물듯

죽어야 사는 게 이름 없는 풀꽃만은
아니네 카추샤 덤 아닌 덤으로 받은
아니 녹는 눈깔사탕 한 알 입에 악물고

무지개 풍선에 실리어 바람 찬 월가
빌딩숲을 날다 거침없이 바람 잔 0시
모니터를 휑하니 가로지르는 바람

없는 길 잘 든 너 섬 술 고픈
골목길로 베레모에 입마개를 눈귀까지
뒤집어쓰고 카키바지 주머니에 양손

권총을 찔러 넣은 채 살아서 죽은
맨발의 개미귀신들 귀가는 아득히
아리수를 건너는데 아직도

매듭 엉킨 빌딩 문은 하릴없이
옴시롱 감시롱 열렸다 닫히고

무지개 풍선이 고속지하철 환풍구에 걸리니
삼백 억 발 심장이 거푸 폭발해도

거믄 태양의 뒤편에서 모니터로
꽃뱀이 쥔 똬리를 죄어 잔뜩
풀 먹인 카키 옷을 껴입고

바람 잦은 바람은 갈대에
갈대는 기대어 비바람 눈보라에도
갈대는 갈대를 보듬고 복사꽃 볼로

젖어 사는 너 섬 무릎과 무릎으로
흐르는 널 바큇살에 바다가
갈라지고 하늘이 부르트는데

죽어서도 죽지 못하는 이름 없는
풀꽃의 높푸른 말씀 걸
월가 빌딩숲 불 꺼진 바람벽은
숨 막히게 간절히 침묵하네.

마수걸이

소새 자유시장 마수와
너섬 마수가 한판 놀아나는디

소새 자유시장 마수걸인
해 넘어 움켜쥔 어제
해장술이 더 고픈가

너섬 나리 마수걸인
잰노리에 거나해져서

파장 판에 마수걸이로
대구 맞장뜨는구먼

발자국 소리가 큰 아이

발자국 소리가

큰 애들은

뒤꿈치가 없다

돌려 줘 뒤꿈치

층층 달동네

엇갈린 까치발아

아름다운 건 다 슬프다

꽃다지가 맨가슴을 열어
잎새보다 먼저
속내를 보이는 건

첫사랑의 기다림이
애틋한 때문이다

목련 매화 명자는 말없이

물앵두 히어리 올괴불 깽깽이풀 복사꽃 노루귀
밤 배 살구 자두 팥꽃 머위 개암 진달래 개나리
미선나무 계수나무 생강 산수유 큰괭이밥 느릅
조팝 앉은부채 복수초 만리화 모데미풀 쇠뜨기
갯버들 벚꽃 꿩의바람꽃 너도바람꽃도 말없이

별 비늘을 에는
한철 사랑이
아름다움의 허물을 벗는다.

봄에서 여름으로 여위는
아리시린 첫사랑이

아름다운만치 슬픈 건
첫사랑이 채 덜 영근 까닭이다

등신

어둠을

홀 벗어나

곡신 햇귀로

즈믄 해 지도록

마음밭 갈아

등신 되길

손 모아

빈터

성골 보리밭이 쑥대밭으로 된 까닭이
양귀비 벌 나비가 놀아난 탓만은 아니지

보리가 다 영글기도 전에
보리밭이 덧없이 뭉개진 건

꽃범의 꼬리에 놀라 보리밭을
가로지른 금계국 때문만도

지구의 안녕을 억척스레
지켜내려는 소금쟁이 네발

악마구리 가슴을 마구 후려대는
하늬 마파람 탓만도 아니지

보리밭이 쑥대밭으로 되어도
말 못하는 속내만이 막막해

금붕어 꼬리를 붙잡고

가을걷이 끝낸 진골 허수아비 건들대는 소맷자락이
못 속 꼬리가 몸통보다 훨씬 더 큰
금붕어 꼬리를 붙잡고 꼬리 아닌 꼬리를 치자

부레에 담긴 소우주 방울 튕겨 올리며
"아서라" 점잖게 한마디 하는데
물 밖 허수아비는 못 들은 걸까

금붕어가 눈을 얼굴보다 훨씬 더 해맑게 뜨고
남을 위한 올바른 마음씀에서 참사랑이 피어나며
'참사랑이 쌓일수록 행복도 깊어진다'

지긋이 눈짓해도 먼 산만 바라본다. 허수아비
하늘을 가로지르는 기러기 울음을
귀 없는 금붕어는 온몸으로 느낀다

행복을 향하여 몸통보다 훨씬 더 큰
꼬리지느러미를 요염하게 흔들어댄다

사뿐 날아든 단풍잎에 입 맞춘다
온몸이 단풍이다

나이테 켜켜이 삶이 곰삭은
금붕어 꼬리를 붙잡고 꼬리 아닌 꼬리 치는

허수아비 건들대는 소맷자락 속으로
서릿발 선 별들이 내리꽂힌다.

살맛나는 세상 만들기 iii

강은 강을 비워
바다를 열고

바다는 바다를 비워
소금을 열고

나무는 잎을 버려
하늘을 열고

하늘은 하늘을 비워
해밀로 우리를 반기네.

기러기 길

→→→→→→→→→→→→→→→

이제야

나는

나를

겨우

하나

넘네.

제III부

직선을 위하여

관악산

번개 빗발치는 막장
관악산 벌벌 오르다

내가 산을 오르는지
산이 나를 오르는지

내가 널 부리는지
네가 날 부리는지

끝도 처음도 없는 먹장
하늘에 마음 도장 꼭

한 모금 모진 찬 샘물
하 온 누리가 시원쿠나.

직선을 위하여

태풍의 눈 숨 막히는 꿈속
한발 내디딘 누리 밖

이름 짓지 못한 숱한 별 점선들
때문에 더 빛나는 너

게거품 뿜으며 회귀선이
씨줄 따라 무리로 가다 보면

익으면서 지워지는 허한 자리에 버려진 빛들이
저만한 그림자 하나씩 내뱉고 있다

능금나무 가지 아래로 제비 낮게 날며
빛의 손길이 멀어지는 하품 섞인 해거름

삶의 두께보다 웃자란 잡풀들이 하늘을 가득 덮고
시름없는 숨결에 빛바랜 수평선이 힘없이 접힌다

모든 빛이 돌아앉은 어둠을 향해
가슴을 여는 소리 깃으로

이 어처구니없는 모습들을 튕겨내어
그 속내를 깡그리 걷어낸 빈자리

담벼락 구멍만한 하늘에 쪼그리고 앉아
씨줄 날줄이 얽힌 핏줄 선 제 손바닥을 긁고 있는

직선, 너를 위하여 소금쟁이는 네발로 오늘도
지구의 씨줄 날줄을 팽팽하게 당기며 버티고 있다.

칠성무당벌레

세종로 빌딩 초단위 광고판에
찰싹 붙은 저물손

말로 배워 됫박으로 써먹느라 칭칭
쇠거미줄에 손발 다 묶인 됫박들

십점박이별잎벌레 십이점박이잎벌레
짝퉁 삿대질은 아랑곳없이

칼퇴근 알리미에
제3의 지구로 펄펄

진딧물을 두 됫박도 넘게
단숨에 해치우는 식솔 탐욕에

"됫박으로 배웠어도 말로 써먹어" 창창
됫박 정수리에 칼질이 참 야박하네.

연

바람 없어도 연은 마냥 흔들리고

황금개구린 제 신발 구멍 나는 줄
모르고 이 연 저 연 뛰넘고

바람의 호수를 자분자분
물고긴 어둠의 빛 대구 마시는데

죽어서도 못 죽는 못은 못대로
뭇 연꽃봉오린 다소니

나 아닌 나 너와 우릴 넘게
소롯이 햇귀 펴

우주가 이슬 마시고 오롯이
이슬이 우주 되는 까닭

연꽃잎체 말씀 참 말없네.

노루목 아라리

멱 감다 달내 여울목
마당바위에 아버지 팔베개에

할매 할매 마고 할매
새라새론 얘기 듣는다

하늬도 알살로 곁에 누워
입이 배꼽에 닿는다

진골 물 먹어야 흙 산다
달내가 산을 품는다
버섯뿌리가 돋는다

하늘길 내달리는 노루
사슴 발굽 소리에
수박 하늘이 박살난다

해가 산을 내려간다
해밀이 옹달우물에 든다

손바닥에 없는 손금
눈 감으면 제대로 보인다
눈썹이 바위보다 무겁다

구름으로 버무린 풍경을
한소끔 뜸 들이다

오늘을 닫는다

하늘에 빠지다

말없이 말 나누던
그 대벌레 올핸 아니 오고

코뿔소 바지 자락에 끌려갔나
불타는 늪 길 돌아서다

자오선을 늘이고 늘여
코뿔소 코앞까지 끌어당겨

샛별에게 물어도 기러기
'가는 길을 모른다.' 네

내일 올 우주선은 이미
오던 길로 돌아가고

하늘만 덩그러니
하늘에 풍당.

뿌리 없는 낭구

울타리 아닌 울타리
아카시 숲 베어내고
고주박마저 사르니

밤 대추 고욤
슴벅슴벅
그 집 밝혀

보름인데

삼각산 아래
달은 이미
간 곳 없네.

묵언

높다라니 세우시고
하냥 세우시다

말씀 마지막 한 자락은
이팝 향기 가뭇없어라

다소니 마음으로
보고 듣나니
눈귀 잘 감아라.

입 닫아야
참말씀 열리고

마음이 열려야
뭇소리 닫히니

열리고 닫힘도
귀가 입에 걸렸네.

얼음새꽃

별 볼 일 없는
안반데기 언 손이 얼어도

한 모금 마시려 얼음새
바위보다 단단한 물을

햇귀 한 잎으로
삭풍 눈보라에

맞선 끝

꽃비도 산달
아랫도리가 질펀타.

빈자리

햇발 빨아들이는 진골 응달
젖은 숯덩이에 묻어나는 하늘

죽지 잘린 허수아비 민소매
제비도 찾지 않는 처마 없는 집

모든 게 그렇듯 말이 없다.

하늘 한 동이 이고
골목길 휘청거리며

무너져 내리는 계절의
텅 빈 옆구리를 냅다 걷어차고

구겨진 인격과 헐렁한 의지를
텁텁한 막걸리 반 되로 여미며

밤은 또 낮은 곳을 범딛고
술렁술렁 돌아가는 세상사

가마득히 잊힌 망초 묵뫼 옆
메아리도 떠난 그 빈집에

여물을 썰어 채우는 건
부지깽이 애달픈
목쉰 헛바람 소리뿐

중성미자의 숨 법

수굿이
한 만 년에
한 숨 들이쉬고

두 만 년에
한 숨 내쉬어

중성미자
한 소식에

만물이
수굿이

꽃등 iv
— 시란 48

시가 시간과 공간을 초월해서 홀연 오네

꽃등 V
— 시란 49

겨우내
나는 나를
넘고 넘어서

겨우
내게 왔다.

제IV부
보이지 않는 그림을 그리다

무진 말씀을 둥글게 박제하다

백팔 억 해 전 지구
터미널은 주룩주룩
무진 말씀 박제하고

빨리 가다 넘어져
다치기는 쉬워도
아물기는 어렵다
모진 말씀도 박제해

우주 밖 행 터미널
없는 출구 여니

플랫폼 마지막 등이
그 말씀 둥글게
둥글게 펴시네.

풀 바람

야윈 나비 마른 냉가슴을
사르는 봄 볕살 소리가
가슴 속 한가운데 내리박히는 차돌멩이만 하다

그늘을 아름으로 퍼 내어
주름을 삭히는 볕바른 뒤꼍
바람 멎다 가는 진골 언저리

풀물 냄새에 실려 햇살 비늘로 일어서는
제비나비의 풋풋한 속살

빛을 짓이기기 위해 설레는 햇날개를 추스르며
여린 몸에서 풀 바람 나불면

풀잎은 무슨 말이 그리 많은지
나비는 그 앞에서 제일 먼저 빛을 잃고

한 겹 한 겹 풀 바람에 실려
온 들에 자자한 풀빛 소문 풀어놓고

더듬이 인 나비 목에 칭칭 감긴
풀 머리채 꼭 움켜쥐고

바람 차게 돌아가는 굴렁쇠에 매달려
해가 보리밭 너머로 다 넘어가도
풋내 풀풀 뿜으며 바람머리 앓는다

조약돌

밤꽃 내음 그윽한 여름 들머리
싱그런 산들바람이 꽃구름 다듬는
노루목 여울물에

햇살을 상큼하게 헹궈
돌 가슴에 펴 널고

땡볕 멱 감다
물 먹은 귀에 대면

시원한 달래 시냇물 소리
퐁퐁퐁~ 징검다리 건너로
잘도 튕겨나가는 상큼발랄 물수제비

보슬비 숫가슴에 보슬보슬 내리면
빈대떡에 막걸리 젓가락 장단을 빼닮은

아린 손마디 토닥토닥 달래며
뭉개진 등 살포시 보듬는

누이 깊이 성근 두 눈에
산울림으로 돌아온

물레방아 무지개꽃이
그리움으로 메아리친다

행복꽃

샛별 하늘이 풀 이슬 섶에 버는
시름을 걷고 웃음 꽃밭을 일구어
행복 바다를 여는 오지랖이 초롱초롱 참 해맑다.

내남없이 한근심 걷어내는
꽃다지 아장아장 첫 걸음마 설렘이
새콤달콤 앵두 살구 맛만은 아니다.

여울 입술을 쪼아대는 버들은어 떼와
뽕잎이 삼킨 솔바람을 되풀어내는
엄마 한숨이 개켜진 빨래 켜에서

잘 여문 성골 수박 냄새가 물씬 나는 건
애틋한 아들네 꽃다지 생글방글 옹알이에
"도리도리" "짝짜꿍" 까닭만은 아니다.

탱탱한 해밀 빨랫줄에 펴 넌 햇살 잎과
구름 날에 베인 하늘 깃을 실바람으로 송송 깁는
느티나무에 아람 불은 매미들

싱그러운 부채질 속삭임이
살가운 딸네 꽃다지 생긋방긋 볼우물에
"곤지곤지" "잼잼" 때문만은 아니다.

우리네 삶을 푹 고은 누룽지 숭늉 맛
아들딸네 꽃다지 "까르르 까꿍"에
함박 피어나는 웃음바다가 행복 나라이다.

보이지 않는 그림을 그리다

우산을 펼치면 편해요
비를 위하여
우산이 우산을 펴요

내가 널 펴면 편해요
너를 위하여

우산을 접으면 편해요
구름을 위하여

내가 날 접으면 편해요
우릴 위하여

꽃등

옴시롱 감시롱

스치는 인연

복사꽃길

혜유미

꽃등

!

바다의 눈썹이 하얗게 센 건

바다의 눈썹이 하얗게 센 건
아라뱃길 때문만은 아니네
비바리의 시름으로 고은
보리순간재미애국만도
걸어다니는 섬다리로
섬이 숨 막히는 까닭만도 아니네

뭍이 서릿발 세우는 성골 그믐밤
갈꽃은 찬별에 베이고
미리내 칼바람은 무시로
바다의 눈썹을 대구 후리는데
꿈마다 무지개 타고 하늘 바달 나는
날 어느 섬에 부려야 할까

지금도

나는

나를

하냥

넘고

넘네

빈 삶의 뒤란에

아우라지 맨 위뜸 외딴 오막집
쇠딱따구리 할매 손오누이와 도란도란

솔 장작 알불에 날밤 구워먹다 사레들려
딱따다 딱따다다 자지러지는 바람 깊은 진골

소낙별 쏟아 붓는 처마 끝은 송송한데
근심 그득 함지박을 괸 말없는 짐승 호들갑이
동동 살얼음 동치미에 메밀묵 국물 맛

쑥부쟁이 허리춤에 아등아등 매달려
빈 조롱박 달그락대는 짐승 투정에

고로쇠 꼬륵 자작나무 목마름은
서울로 벌이 간 아들네 빈 발자국 소리

그믐달 눈썹으로 버무려 빚은 뽕잎
누에 이빨자국을 갉는 짐승 혀끝이

아람 불은 밤송이 가시보다 섬뜩함은
아래뜸 은어 떼가 수박 서리하다 들킨 까닭

숨죽여 모로 뒤척인 빈 꿈으로 얼룩진 먼동에
불새 구름 너울을 켜대는 햇발로 돌아온 아들네와
물장구 몌 감다 수박 물든 손오누이 환한 민낯이

쇠딱따구리 할매의 깊은 주름을 펴는 애오라지
푸진 함박꽃 눈웃음일 뿐

뚝
― 시란 50

그믐밤 마지막 오동잎

강술
— 시란 51

ㅋ

… 엄마
── 시란 52

울컥

시인과 독자
— 시란 53

시인이

시작詩作하고

독자가

완성한다.

시인의 길
— 시란 54

걷고 걷네

춥고 춥네

빗고 빗네

맵고 맵네

읊고 읊네

섧고 섧네

제Ⅴ부

마음의 여백을 읽다

귀가 순하니 눈도 선하네

노새가 두타산을 싣고
구름이 이끄는 대로
풀바람을 사르며

단내 밴 아지랑이
하롱하롱

이 고개에서
저 고개로
내가 날 넘다

생각을 내려놓고
느티나무 그늘에
지그시 눈귀 감으니

곡신도 그윽이 사뭇
공으로 여울지네.

바람 낭구에 시를 걸어놓고

장수하늘소 꼬리치레도롱뇽
까막딱따구리 아우러지는
물 맑고 산 깊은 무릉골

바람 낭구에 쉰 마음을 걸어놓고
신선 볼기 자국에 들앉아
내 안의 날 닦는다

시간은 멈추고
하늘문을 구름은 스쳐 지나
박달잿말랭이를 넘는다

바람을 거스르는 물길은
쉼 없이 굽이굽이 감돌아
깊을수록 말 없고

성골 꽃불에 타다 만 해가
가랑잎에 깃든다

누렁이 등에 달 싣고
내달리는 가쁜 발굽 소리에
두타청옥 하늘 이마가 깨지고

낡은 나를 벗은 내 그리메
볼기 자국이 사뭇 시다

노루목 두루미

?

침묵의 밀어

말없이
그믐밤은
빈 잔에 지고
가슴은 텅 비어

달 떠난 달동네는
오를수록 낮아져서
구름도 별도 발만 '동동'

밤별 ☆ 골진

늘 하선 무나구물
은 깊디깊은 기물달
　　　　총총 알미개밭은 맑해먹
　　　　님 내속은 놓은 어익농
　　영가 다보 번둥천
　닭까개 한 뜩섬
° 나구하소소오참

귀로 보고 눈으로 듣다

꽃은 꽃인데 꽃이 아니고
나빈 나빈데 나비가 아니네

보인다고 있는 게 아니고
안 보인다 없는 게 아니네

있고 없음은 마음먹기라
생각 끊으니 다 적요한데

물은 산허리 품어 내리고
뫼는 물에 기대 드러눕네

난 널 넌 날 서로 보듬고
물로 살다 혼불로 사르리

마음의 여백을 읽다

'제발 삼가 하세요.' 는
'부디 말' 란 말씀

'아무도 들어가지 마세요.' 는
'아무갠 들어오라' 는 말씀?

간절한 말씀을 둥글게
듣고 둥글게 보니

삶이 무릇
참하네.

학란鶴蘭
― 시란 55

봄맞이
붓꽃 치네

하도 겨워서
사푼 학이 나네

노은 아라리

한종일 갈증이 심한 날은
죽부인을 데불고

진골 복사꽃 속 길로 소롯이 떠나네

늘 낮은 곳을 디디는 어둠을 향해
바람을 흔들며 흔들리는 무게에

몇 시절인가

바다보다 깊은 하내미 고갯마루를
단내 풀풀 나는 금 바람에 실려 넘고
수룡폭포 무지개를 타고 날아 봐도,

솟대울 고추 마늘만큼 맵고
성안 강냉이 감자보다 구수한
대방골 옹달샘 다람쥐 가재마냥

정겨운 빗살무늬 함지박 속 머루 다래
애기 넝쿨을 성골 장 멍석 위에
한마당 풀어놓아도

손톱 여물을 썰어 채우는
아리시린 되새김질뿐

도무지 말이 없다. 죽부인이
모는 수레는 텅 빈 채

또 헛다리 짚으며,
한포 여울을 건너는

바퀴살 물비늘에 실린 쌍무지개를
성큼 딛고 일어서는 단풍 바람에

타다닥 마음눈 활짝 여는
볕바른 콩꼬투리가 고마워

알알이 잘 여문 낟가리들이
동네방네 잔칫상을 푸지게 차려 놓고

하늘 높은 보련산에 머리 조아려
죽부인과 오롯이 큰 절을 올리네

품

구름 품다

물구나무 거꾸로
두타봉 너럭에 나앉아

신선 발자국 소래기
천년 바둑알을 모디리다

젖은 바람의 어깨
달궁

보듬는 검불에
산너울지네

달항아리 속 즈믄 해

거믄 모레는 가고
그제가 되오네

한살이

고삐 없는 암노새가 코피리 불며
구름바다를 몰고 오르는 백두대간 잿마루

즈믄 해를 비껴 피는 주목 꽃잎이
꼬마 하루살이보다 싱겁구나

바람 끈으로 구름 짚 엮어 이엉 얹고
물안개로 군불 지핀 구들 바위에

주목 그늘로 이부자리 펴고
등마루 팔베개 하고 누워

구멍 없는 피리 낮잠 부르는 소리에
잠깐 눈 감았다 떠 보니

하루보다 빨리 간 거믄 해가
쏜살보다 저만치 앞서 내달리고

미리내 징검다리 건너 물레방아는 돌고 돌아
산이 물 되고 물이 산 되었구나

구름에 스치는 푸른 옷깃 붉은 맨살
속을 비워 한결 넉넉해진 붙박이 천년을
하루로 살아온 아름드리 주목이

하루를 천년으로 사는 꼬마 하루살이를
넌지시 보는 눈초리가 고삐 없는 암노새로구나

빨간 목도리 앵두 입술 씨알이 아무리 주렁주렁 해도
달콤한 첫사랑 그리운 얼굴 다시 보고파

마음의 둥지 한 자락에 애뜻한 이름 새겨 넣고
나이테만큼 허물 벗어야 할

깊디깊은 속내 알 길 없는
우듬지에 핀 우담바라 눈꽃이 하도 시리어
먼 산 너머 아뜩한 해밀 우러르다

덜컹 주목 삭정이에 걸린 살바람 갈빗대
딱, 부러지는 외마디가 즈믄 해의 한살이로구나

쑥부쟁이나물꽁보리비빔밥

봄을 비빈다. 보고만 있어도 배부른 이와
파도 소리 밀려드는 들마루 두리기

빗살무늬 뚝배기 담북장찌개
쑥부쟁이나물무침 꽁보리밥에
소래 봄을 비빈다

삶은 여물다 아낌없이 주고 삭는 거
나물은 캐는 게 아니라

뿌리와 원줄기는 남겨 다른 이도 뜯고
꽃이 피게 잎만 뜯되
벌레 먹은 나물은 몸에 좋은 거

나물 막소금에 깔끔히 씻어
끓는 물에 시름 한소끔 데치고

뒤집어 삶다 끓어오르면 건져서
찬물에 말끔히 헹궈 물기 없이 지그시 짠다

손톱으로 살짝 눌러
파란 보릿고개 하늘 물이 배어나면

막장에 참기름 마늘 깨소금 고춧가루로
무친다. 설움 한 종지 꿈 한 보시기

조물조물 버무려 무쳐진 난
누구의 밥이 되어

또 한세상을 열까

바람 빛에 씻긴

바닷가 솔숲 살가운 아침 햇살만큼이나
가슴을 저미는 해조음에 씻긴 바람 빛 네 음조는
지난여름 네 마음 빛보다 더 상큼하다

네 음조에 실린 감미로운 음색
가락도 잊고 앙가슴으로 짙디짙게 스며드는
즈믄 겨우내 네 음조에 삭힌
그 빛마저 다 소라잔으로 자아올린다

더는 품을 수 없는 먼 그리움 남은 자리
애틋이 만길 낭떠러지

햇발 나직이 흘러드는 바다 풀물 냄새
속 어디나 아리움이 싹트고

이슬을 빚는 풀 바람에 하 가슴 아려
어둠을 가르며 빛으로
빛으로 구른다

스스로 사르는 가랑잎의 가락에 하 가슴 시려
바람을 가르는 빛으로 빛으로 구르다
그 빛마저도 다 훌훌 벗어던지고

풀벌레 소리 파고드는 가슴팍
빈 둥지에 풍경 하나 달고

여기 흐른다. 갈매기도 비켜나는
바람 빛에 씻긴 해조음의 메아리로

문학세계대표작가선 790

집시의 계절

정연국 시집

인쇄 1판 1쇄　2016년 9월 27일
발행 1판 1쇄　2016년 10월 4일

지 은 이 : 정연국
펴 낸 이 : 김천우
펴 낸 곳 : 도서출판 천우
등　　록 : 1992. 2. 15. 제1-1307호
주　　소 : 서울시 성동구 무학봉28길 6 금용빌딩 2F
전　　화 : 02)2298-7661
팩　　스 : 02)2298-7665
http://www.moonhaknet.com
E-mail : chunwo@hanmail.net

ⓒ 정연국, 2016.

값 8,000원

* 도서출판 천우와 저자의 서면 동의 없는 무단 전재 및 복제를 금합니다.
* 저자와의 협의에 따라 인지는 생략합니다.

ISBN 978-89-7954-648-4

이 도서의 국립중앙도서관 출판예정도서목록(CIP)은 서지정보유통지원시스템 홈페이지(http://seoji.nl.go.kr)와 국가자료공동목록시스템(http://www.nl.go.kr/kolisnet)에서 이용하실 수 있습니다. (CIP제어번호: CIP2016022937)